BELLE
À
CROQUER

Guy Saint-Jean Éditeur
4490, rue Garand
Laval (Québec) Canada H7L 5Z6
450 663-1777
info@saint-jeanediteur.com
saint-jeanediteur.com

....

Données de catalogage avant publication disponibles à Bibliothèque et Archives nationales du Québec et à Bibliothèque et Archives Canada.

....

Nous reconnaissons l'aide financière du gouvernement du Canada par l'entremise du Fonds du livre du Canada (FLC) ainsi que celle de la SODEC pour nos activités d'édition.

Gouvernement du Québec – Programme de crédit d'impôt pour l'édition de livres – Gestion SODEC

Publié originalement en 2017 sous le titre *Lemons are a Girl's Best Friend.*
Conçu et produit par Elwin Street Productions Limited, 14 Clerkenwell Green, Londres, EC1R 0DP, Royaume-Uni, www.elwinstreet.com

Traduction : Danielle Charron
Correction : Linda Nantel
Photo en couverture : Shutterstock / Anatolii Riepin
Conception graphique de la couverture : Olivier Lasser
Infographie : Olivier Lasser

Dépôt légal – Bibliothèque et Archives nationales du Québec, Bibliothèque et Archives Canada, 2018

ISBN : 978-2-89758-464-1

Imprimé en Chine
1re impression, mars 2018

Guy Saint-Jean Éditeur est membre de l'Association nationale des éditeurs de livres (ANEL).

BELLE À CROQUER

60 recettes santé-beauté
à base de superaliments

Janet Hayward

Illustrations de Fonwen Jones

Guy Saint-Jean
ÉDITEUR

TABLE DES MATIÈRES

INTRODUCTION

On connaît les vertus du citron. Il est riche en vitamine C, il purifie et éclaircit le teint, il est capable de rétablir le pH de l'organisme. Non seulement il contient de puissants nutriments qui sont excellents pour la santé, mais il a aussi le pouvoir de rehausser la beauté naturelle. Que peut-on demander de plus à un fruit ?

Or, il n'est pas le seul dans ce cas. Il existe toute une gamme de superfruits et de superlégumes qui vous donneront un éclat radieux et enviable, et ce, beaucoup plus efficacement que les produits de beauté les plus chers. Leur secret : les flavonoïdes, des pigments qui donnent leurs couleurs intenses et attrayantes à ces végétaux, et qui ont de puissants effets antioxydants et anti-inflammatoires. Les composants antioxydants contribuent à neutraliser les radicaux libres, ces molécules instables qui provoquent l'inflammation et causent des dommages aux cellules de la peau, des cheveux et des ongles. Plus votre alimentation sera riche en fruits et légumes colorés, mieux votre système immunitaire et votre santé en général s'en porteront. De plus, tous ces superaliments peuvent être transformés en traitements de beauté naturels et personnalisés pour le plus grand bien de votre peau et de votre corps.

Chaque saison amène son lot d'aliments colorés et remplis des nutriments dont nous avons besoin pour nous sentir belles et en santé tout au long de l'année. Grâce à ce guide, vous apprendrez à les connaître et à en faire des boissons et mets délicieux et des traitements de beauté réconfortants. En plus de vous sentir merveilleusement bien, vous serez éblouissante !

CERISE

Ferme et juteuse, la cerise atteint son point culminant l'été.
On la cultive dans les régions tempérées de l'Europe
et de l'Amérique du Nord, et elle se prête à toutes sortes
de recettes savoureuses et sucrées.

La riche couleur de la cerise provient d'un puissant antioxydant,
l'anthocyanine (ou anthocyane), dont les propriétés
anti-inflammatoires nous aident à nous maintenir en forme
et en santé. Ce petit fruit charnu est particulièrement riche
en potassium, en magnésium, en fer et en vitamines A, C et B
(acide folique, niacine et riboflavine). Comme ces nutriments
contribuent à la production du collagène, ils aident à maintenir
l'élasticité de la peau, lui donnant ainsi un aspect jeune et frais.

Ce superfruit contient également de la mélatonine,
un régulateur du sommeil. La cerise pourrait donc vous aider
à profiter de bonnes nuits de repos. Quoi de mieux pour rehausser
votre beauté à longueur d'année?

GRANITÉ AUX CERISES ET À LA MENTHE

Beauté intérieure: un rafraîchissement antioxydant et vitaminé qui éclaircira votre teint

Ingrédients

450 g (3 ½ tasses) de cerises, dénoyautées • 3 c. à soupe de sucre de noix de coco • 6 feuilles de menthe fraîche, plus quelques-unes pour la garniture • 250 ml (1 tasse) d'eau

Préparation

Au mélangeur, réduire les cerises en purée avec le sucre, la menthe et l'eau. La texture peut être lisse ou granuleuse, au goût.

Étendre la purée en couche uniforme sur une plaque peu profonde. Laisser durcir pendant 45 minutes au congélateur. Mixer au mélangeur pendant quelques secondes pour obtenir un granité. Verser dans des verres et décorer de feuilles de menthe. Servir immédiatement.

BAUME À LÈVRES À LA CERISE

Beauté extérieure : un joli baume légèrement teinté
qui hydratera vos lèvres

Ingrédients

6 cerises mûres • 1 c. à soupe d'huile de noix de coco • 1 gélule
de vitamine E

Préparation

Couper les cerises en deux et les dénoyauter. Dans un petit bol
en verre, les mélanger avec l'huile de coco et le contenu de la
gélule de vitamine E. Placer le bol au-dessus d'une petite
casserole d'eau bouillante pour faire fondre les ingrédients.
Faire suer les cerises jusqu'à l'obtention de la couleur désirée.
Retirer les cerises. Laisser refroidir la préparation avant de la
verser dans un petit pot en verre muni d'un couvercle. Fermer
et conserver au réfrigérateur.

Utilisation

Appliquer ce baume rouge cerise sur les lèvres pour les
hydrater tout en les teintant naturellement.

CANNEBERGE

Originaire du Canada et de l'Amérique du Nord, la canneberge pousse du printemps à l'hiver, et a besoin de beaucoup de soleil pour mûrir. On peut la savourer toute l'année sous forme de jus et de fruit séché.

C'est l'acidité naturelle de cette délicieuse petite baie rouge qui en fait un superaliment santé. La canneberge contient des proanthocyanidines, des antioxydants qui ont des propriétés anti-inflammatoires et qui protègent de la carie dentaire. Elle est également une bonne source de vitamines A, B et C, de potassium et de manganèse – le cocktail idéal pour avoir une peau, des cheveux et des ongles en santé.

Sous forme de jus, la canneberge regorge de phytonutriments et est souvent recommandée pour traiter les infections urinaires. Comme le jus rend l'urine plus acide, les bactéries sont moins susceptibles de s'attarder et de proliférer dans la vessie.

POIRE POCHÉE AU JUS DE CANNEBERGE

Beauté intérieure: un entremets légèrement piquant et calmant

Ingrédients

1 poire mûre, pelée • 7 c. à soupe de jus de canneberge
• 1 c. à thé de miel • ½ bâton de cannelle • Yogourt grec nature
(facultatif)

Préparation

Couper la poire en deux et retirer le cœur. Déposer dans
une petite casserole avec le jus de canneberge, le miel
et la cannelle. Couvrir et laisser mijoter à feu doux pendant
10 minutes. Retirer le couvercle et poursuivre la cuisson à feu
doux 5 minutes pour faire réduire la sauce un peu plus.

Napper la poire pochée d'une cuillerée de sauce et, si désiré,
garnir d'une cuillerée de yogourt.

EAU TONIFIANTE

Beauté extérieure : une eau tonifiante qui rendra
votre visage plus doux et plus lisse

Ingrédients

3 c. à soupe de jus de canneberge sans sucre ajouté • 3 c. à soupe
d'hamamélis • 3 gouttes d'huile d'églantier

Préparation

Décanter soigneusement le jus de canneberge, l'hamamélis
et l'huile d'églantier dans une petite bouteille munie d'un
couvercle. Secouer vigoureusement pour mélanger.

Utilisation

Verser une petite quantité d'eau tonifiante sur un coton
à démaquiller humide. Passer le coton sur le visage
préalablement nettoyé pour éliminer les peaux mortes
et tout résidu de maquillage.

BAIE DE GOJI

Originaire du Tibet et de l'Himalaya, la baie de goji, que l'on connaît également sous le nom de baie du lyciet, est utilisée depuis des millénaires pour ses vertus médicinales. Ce petit superfruit charnu renforce le système immunitaire, augmente la vivacité et améliore la circulation. On le récolte en automne, mais on en trouve peu en Occident. Heureusement, on peut déguster les baies de goji séchées partout, tout au long de l'année. On n'a donc pas à s'en passer !

Ce petit fruit aigre-doux regorge d'éléments antioxydants et de vitamine C. Il possède également tous les acides aminés essentiels et beaucoup de protéines, ce qui le rend unique en son genre, ainsi que 21 oligo-éléments, dont le zinc, le sélénium et un très haut taux de fer. De quoi garder le corps en santé et l'apparence jeune.

Ne manquez pas d'ajouter 1 c. à thé de baies de goji à vos céréales le matin ou d'en agrémenter un dessert pour que votre esprit, votre cerveau et votre corps resplendissent de santé !

SUPERSMOOTHIE AUX BAIES DE GOJI

Beauté intérieure: dites adieu à la fringale de la matinée
grâce à ce smoothie à teneur élevée en protéines

Ingrédients

1 banane • 1 kiwi • 3 c. à soupe de baies de goji séchées

• 1 c. à soupe de poudre de cacao • 250 ml (1 tasse) d'eau

de coco • 3 c. à soupe de yogourt nature

Préparation

Peler la banane et le kiwi, puis les couper en morceaux.

Au mélangeur, les mixer avec le reste des ingrédients

jusqu'à consistance lisse.

EXFOLIANT AUX BAIES DE GOJI

Beauté extérieure : un exfoliant nourrissant pour avoir une peau souple d'apparence jeune

Ingrédients

1 c. à soupe de baies de goji séchées • ½ avocat

Préparation

Hacher grossièrement les baies de goji et les mélanger avec la chair de l'avocat pour former une pâte.

Utilisation

Masser doucement la peau du visage et du cou pour l'exfolier, l'hydrater et la revitaliser.

GRENADE

Originaire du Moyen-Orient, de la Méditerranée et du nord de l'Inde,
la grenade a joué un rôle important dans l'histoire, l'art et les traditions
culinaires de ces régions. Avec ses petites graines renfermant
une pulpe juteuse d'un rouge éclatant, ce superfruit est aussi agréable
à regarder qu'il est bon pour la santé. Son goût aigrelet est mis
en valeur dans des recettes sucrées ou salées.

Comme elle arrive à maturité à l'automne, la grenade procure
des bienfaits beauté juste à temps pour l'hiver. Elle est connue
pour ses propriétés anti-âge et anti-inflammatoires, et est riche
en vitamines C et B_6, et en polyphénols. Ces trois éléments se
combinent pour combattre les dommages causés par les radicaux libres.
La grenade stimule aussi la production de collagène, ce qui signifie
qu'elle améliore l'apparence et la souplesse de la peau.

N'hésitez pas à boire du jus de grenade pour renforcer votre système
immunitaire. Un seul verre de ce nectar pourpre contient deux fois
plus d'antioxydants que la même quantité de vin rouge ou de thé vert.

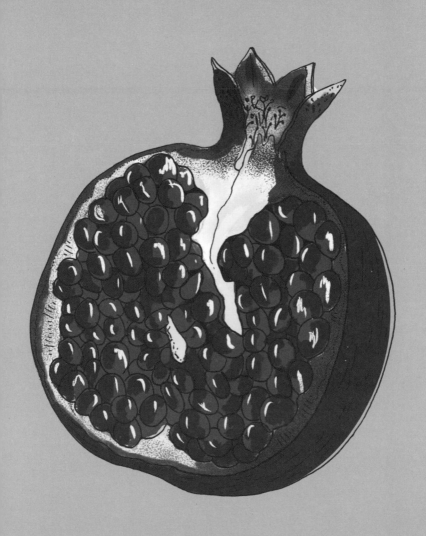

SALADE DE GRENADE, D'ORANGE ET DE FROMAGE HALLOUMI

Beauté intérieure : une salade fraîche aux propriétés antioxydantes qui vous aidera à combattre les radicaux libres

Ingrédients

250 g (8 oz) de fromage halloumi • 2 oranges, pelées
• Les graines de 1 grenade • ½ botte de basilic frais
• Huile d'olive • Le jus de ½ citron • Sel marin • Poivre noir

Préparation

Préchauffer le gril du four. Couper le halloumi en 8 tranches de même épaisseur et les faire dorer sous le gril. Diviser les oranges en quartiers en prenant soin d'enlever la petite peau blanche. Disposer les tranches d'halloumi et les quartiers d'orange dans un plat.

Parsemer de graines de grenade. Garnir de basilic et assaisonner au goût d'huile d'olive, de jus de citron, de sel et de poivre.

SOIN DU VISAGE À LA GRENADE ET À LA NOIX DE COCO

Beauté extérieure: un traitement anti-âge très nourrissant qui rafraîchira et hydratera votre peau

Ingrédients

2 c. à soupe de graines de grenade • 1 c. à soupe d'huile de noix de coco • 1 c. à soupe de miel

Préparation

Combiner tous les ingrédients dans un bol en veillant à ce que le jus des graines de grenade soit bien réparti.

Utilisation

Masser doucement la peau du visage à l'aide de cette préparation pour éliminer les cellules de peau sèche. Rincer à l'eau tiède et éponger à l'aide d'une serviette propre. La peau sera lisse et resplendissante.

FRAISE

La fraise arrive à maturité en plein été. Juteuse et sucrée,
elle est hautement alcaline, et elle regorge de fibres, de vitamines
(notamment la vitamine C) et d'antioxydants qui contribuent tous
à prévenir la maladie et l'inflammation. Ce superfruit goûteux
et très populaire facilite la digestion et est reconnu pour sa capacité
à réguler le taux de sucre dans le sang.

La fraise contient des anthocyanines (ou anthocyanes),
du manganèse et du potassium, qui protègent le cœur et régulent la
tension artérielle. C'est peut-être ce qui explique pourquoi on considère
que ce petit fruit d'un rouge éclatant a un pouvoir aphrodisiaque!
Par ailleurs, grâce à ses puissants nutriments – comme le magnésium
et la vitamine A –, il donne un teint magnifique et une peau en santé.

Et si vous voulez ajouter de l'éclat à votre sourire, ne cherchez plus!
Saupoudrez un peu de sel sur des fraises écrasées pour obtenir
un agent de blanchiment dentaire parfaitement naturel.
En prime, vous aurez une haleine sucrée!

SALADE DE FRAISES, DE FENOUIL ET DE FROMAGE DE CHÈVRE

Beauté intérieure: une salade composée de superingrédients aux vertus alcalines

Ingrédients

450 g (3 tasses) de fraises • 1 gros bulbe de fenouil • 1 concombre • 1 petit fromage de chèvre, émietté • 4 c. à soupe d'huile d'olive • 2 c. à soupe de vinaigre de vin blanc • 2 c. à thé de moutarde de Dijon • 1 c. à thé de miel • Sel marin • Poivre noir

Préparation

Laver et équeuter les fraises, puis les couper en tranches. Laver le fenouil, retirer le cœur et le couper en tranches fines. Laver et peler le concombre, puis le couper en tranches fines. Mélanger ces trois ingrédients dans un grand bol. Parsemer de fromage de chèvre.

Dans un autre bol, mélanger l'huile d'olive, le vinaigre, la moutarde et le miel. Saler et poivrer au goût. Verser sur la salade et remuer délicatement. Servir immédiatement.

DOUX EXFOLIANT
AUX FRAISES

Beauté extérieure : un exfoliant dont les enzymes rendront votre peau souple et douce

Ingrédients

75 g (½ tasse) de fraises • 1 c. à soupe de lait • 1 c. à soupe d'huile de jojoba

Préparation

Réduire les fraises en purée dans un petit bol en verre. Incorporer le lait et l'huile de jojoba.

Utilisation

Appliquer doucement l'exfoliant sur le visage en prenant soin d'éviter les yeux. Laisser agir 5 minutes (8 minutes pour une peau grasse) et rincer à l'eau tiède. Éponger doucement le visage avant d'appliquer un sérum ou une crème hydratante.

TOMATE

Tomate cerise, tomate italienne, tomate noire – il existe quelques milliers de variétés de ce superaliment à la peau tendre. Bien qu'on la serve surtout en salade ou comme garniture sur les plats italiens traditionnels comme les pâtes ou la pizza, la tomate est originaire d'Amérique centrale. Et si autrefois on la mangeait surtout en été, on peut maintenant la déguster à longueur d'année – une excellente nouvelle pour qui se préoccupe de sa santé et de son apparence.

Ce joyau rouge et charnu est particulièrement riche en lycopène, un puissant antioxydant qui protège des dommages causés par les radicaux libres et de certains rayons ultraviolets (UV). La tomate contient également beaucoup de potassium – un composant essentiel des cellules et des liquides organiques – ainsi que du calcium, du fer et du manganèse.

La teneur en vitamine A et en bêtacarotène de la tomate donne une apparence saine à la peau et aide à avoir une bonne vision, tandis que sa teneur en vitamine C favorise le fonctionnement du système immunitaire.

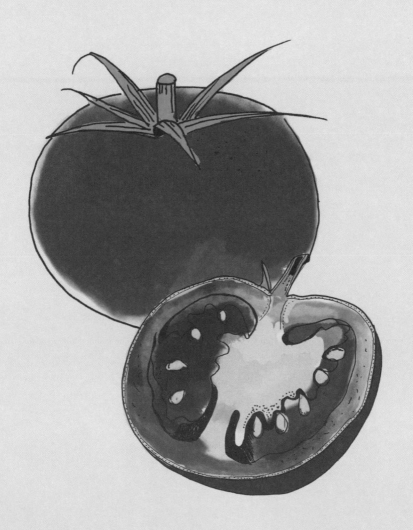

BRUSCHETTAS AUX TOMATES ET AU BASILIC

Beauté intérieure : une délicieuse collation pour stimuler le système immunitaire

Ingrédients

2 c. à thé d'huile de truffe • 2 tranches épaisses de pain au levain ou à l'épeautre • 2 tomates mûres • ½ avocat • 1 pincée de flocons de piment • Sel marin • Poivre noir • 2 feuilles de basilic frais

Préparation

Verser un filet d'huile de truffe sur les tranches de pain. Couper grossièrement les tomates et les déposer dans un petit bol. Ajouter la chair de l'avocat, le piment et le reste de l'huile de truffe. Saler et poivrer au goût. Mélanger doucement pour permettre aux saveurs de se combiner.

Répartir la préparation sur les tranches de pain, puis garnir chacune d'une feuille de basilic. Couper les bruschettas en bâtonnets et servir immédiatement.

MASQUE DE BEAUTÉ À LA TOMATE

Beauté extérieure : un masque purifiant pour les peaux grasses et acnéiques

Ingrédients

2 tomates mûres, épépinées et évidées • 1 c. à soupe de miel

Préparation

Dans un petit bol, à l'aide d'une fourchette, réduire les tomates en purée. Ajouter le miel et bien mélanger pour former une pâte.

Utilisation

Appliquer la pâte sur le visage en prenant soin d'éviter les yeux et les lèvres. Laisser agir 10 minutes. Retirer au moyen d'un papier-mouchoir, rincer à l'eau tiède et éponger le visage. Il est normal d'avoir une légère sensation de picotement au moment de l'application. Si elle persiste ou si elle est désagréable, il est préférable de retirer le masque.

CAMOMILLE

La camomille, une délicate plante herbacée originaire de l'Allemagne, appartient à la famille des marguerites. On la consomme surtout en infusion à l'heure du coucher. Tout au long de l'histoire de la médecine, on l'a utilisée comme traitement de beauté. Par ailleurs, elle a des effets calmants et peut soulager l'anxiété et la dépression tout en stimulant le système immunitaire.

La tisane à la camomille aide à combattre la nausée, les maux de ventre, les crampes menstruelles et les coliques. Cette plante a en effet le pouvoir d'augmenter le niveau de glycine dans l'organisme, un acide aminé qui favorise la relaxation musculaire. Elle contient des traces de vitamine A, de folacine, de calcium, de magnésium et de potassium, et ses propriétés antioxydantes contribuent à réguler le taux de sucre dans le sang.

Sous forme de cataplasme, la camomille peut soulager la peau sensible, irritée, rougie à cause de l'eczéma, de l'acné ou d'une dermatite, et même le cuir chevelu douloureux. En prime, les blondes peuvent l'utiliser pour se rincer les cheveux afin d'en rehausser les reflets dorés.

SPRITZER À LA CAMOMILLE ET AU CITRON

Beauté intérieure : une boisson estivale rafraîchissante
aux vertus alcalines

Ingrédients

250 ml (1 tasse) d'eau bouillie • 5 sachets de tisane
à la camomille • 2 c. à thé de miel brut • Le zeste et le jus
de 1 citron • Eau pétillante • Glaçons • 1 rondelle de citron

Préparation

Verser l'eau bouillie sur les sachets de tisane et laisser infuser
5 minutes pour obtenir une solution concentrée. Ajouter
le miel en remuant pour le faire fondre, puis le zeste et le jus
de citron.

Verser la tisane dans un grand pichet en verre et ajouter
de l'eau pétillante au goût. Servir sur des glaçons et garnir
d'une rondelle de citron.

SELS DE BAIN RELAXANTS À LA CAMOMILLE

Beauté extérieure : un traitement qui soulagera la peau sensible

Ingrédients

250 g (8 oz) de sel d'Epsom • 4 sachets de tisane à la camomille
• 2 c. à soupe de fleurs de camomille ensachées dans de la
mousseline

Préparation

Déposer le sel et les sachets dans la baignoire et faire couler
l'eau chaude pour les couvrir complètement. Laisser infuser
10 minutes, puis faire couler de l'eau à la température désirée
pour un bain relaxant.

Utilisation

Pour profiter au maximum des bienfaits de ce traitement,
ne pas retirer les sachets de tisane pendant que l'on se détend
dans la baignoire, tout juste avant d'aller au lit. Ce temps de
repos est un bon prélude pour profiter d'un sommeil
réparateur pendant la nuit.

PÊCHE

Ce fruit délicieux et aromatique vient à maturité au cœur de l'été.
À l'origine, la pêche était cultivée en Chine, mais on peut maintenant
la savourer partout dans le monde. La chair juteuse de ce superfruit
orangé à la peau veloutée est soit jaune et légèrement acidulée,
soit blanche et plus sucrée.

Quelle que soit sa couleur, la pêche est un superaliment qui aide
à se garder en santé. Elle est une excellente source d'antioxydants,
dont le bêtacarotène, qui renforcent le système immunitaire.
Elle regorge également de vitamines, notamment A et C, qui donnent
un teint resplendissant d'apparence jeune en agissant sur la texture
de la peau et en favorisant la production de collagène. Enfin, la pêche
contient des minéraux tels que le potassium, le magnésium
et le sélénium qui protègent les cellules de tout l'organisme.

SALADE DE PÊCHES ET DE TOMATES

Beauté intérieure : une salade riche en vitamines
et en antioxydants excellents pour la peau

Ingrédients

2 pêches bien mûres, dénoyautées • 3 tomates moyennes,
en quartiers • 1 boule de mozzarella fraîche, en petits
morceaux • 1 c. à soupe d'huile d'olive • 1 c. à thé de moutarde
de Dijon • Sel marin • Poivre noir • 5 feuilles de basilic

Préparation

Couper les pêches en petits morceaux et les déposer dans
un grand bol avec les tomates et le fromage.

Faire une vinaigrette en mélangeant l'huile d'olive et la
moutarde. Saler et poivrer au goût. Verser sur la salade.
Ajouter le basilic et remuer délicatement.

DOUX MASQUE EXFOLIANT À LA PÊCHE

Beauté extérieure : un masque riche en vitamine A
pour favoriser le remplacement des cellules

Ingrédients

1 pêche bien mûre, pelée • 1 c. à soupe de miel • 2 c. à soupe
de flocons d'avoine

Préparation

Couper la pêche en deux, puis retirer le noyau. Réduire
en purée dans un bol en verre. Ajouter le miel et l'avoine
en mélangeant jusqu'à l'obtention d'une pâte épaisse.

Utilisation

Appliquer ce masque sur le visage en prenant soin d'éviter
les yeux. Laisser agir 15 minutes avant de masser doucement
pour éliminer les cellules mortes. Rincer à l'eau tiède. Éponger
doucement le visage avec une serviette propre avant
d'appliquer un sérum ou une crème hydratante. La peau
sera rafraîchie et resplendissante.

CANNELLE

La cannelle, qui est l'écorce du cannelier, un arbre originaire du Sri Lanka, a des vertus antioxydantes très puissantes. En raison de son arôme distinct et de son délicieux goût presque sucré, on la retrouve dans de nombreuses recettes de pâtisseries et on l'associe souvent à l'hiver. Cela tombe bien : naturellement riche en agents antimicrobiens, ce superaliment boisé est très utile pour le système immunitaire durant la saison de la grippe et du rhume.

La cannelle est également une excellente source de manganèse – élément essentiel au fonctionnement du métabolisme et du système nerveux, à la formation du tissu conjonctif et des os, et à la régulation du taux de sucre dans le sang. Une décoction faite avec 1 c. à thé de cannelle moulue mélangée à du miel brut soulagera les maux de gorge et aidera à débloquer les voies respiratoires. On dit même que l'arôme de la cannelle favorise la concentration et l'activité cérébrale !

Vous pouvez profiter des bienfaits de cette superépice à longueur d'année en en saupoudrant sur vos céréales, votre yogourt, votre café ou votre chocolat chaud.

MELONS AU GINGEMBRE ET À LA CANNELLE

Beauté intérieure : une mixture fruitée aux effets calmants et rafraîchissants

Ingrédients

½ cantaloup • ½ melon miel • 1 morceau de gingembre frais de 1 cm (½ po) • 250 ml (1 tasse) d'eau • 1 c. à thé de cannelle moulue • 100 g (½ tasse) de sucre de canne complet (rapadura) ou de sucre de noix de coco • Le jus de ½ citron • 1 bâton de cannelle • Yogourt grec nature

Préparation

Couper la chair des melons en dés et les déposer dans un grand bol. Peler et émincer le gingembre, puis le mettre dans une petite casserole avec l'eau, la cannelle moulue, le sucre et le jus de citron.

Chauffer jusqu'à ce que le sucre soit fondu, puis laisser mijoter à feu doux jusqu'à l'obtention d'un sirop. Verser sur les cubes de fruits et décorer avec le bâton de cannelle. Servir avec du yogourt.

MASQUE ANTIROUGEUR À LA CANNELLE

Beauté extérieure : un traitement nettoyant qui réduit la rougeur des petits bobos

Ingrédients

1 c. à soupe de miel • ½ c. à thé de cannelle moulue

• Cotons-tiges

Préparation

Mélanger le miel et la cannelle pour former une pâte épaisse et lisse.

Utilisation

À l'aide d'un coton-tige, badigeonner généreusement la peau rougie. Laisser agir pendant 10 minutes, puis rincer. Répéter matin et soir.

MANGUE

Délicieuse, nutritive et résolument estivale, la mangue est le fruit
réconfortant par excellence. On la recommande pour faciliter
la concentration et la digestion, perdre du poids, restaurer l'élasticité
et l'hydratation de la peau, et donner du lustre aux cheveux. La mangue
regorge de vitamines et de minéraux qui purifient, nourrissent
et équilibrent l'organisme. Ce superfruit contient un taux élevé
de fibres probiotiques, ce qui en fait un dessert ou une collation santé
qui favorise le transit intestinal.

La mangue est riche en acides tartrique et malique, qui contribuent
à l'équilibre alcalin, et en vitamines A et C, qui renforcent le système
immunitaire et aident à la santé des yeux. Elle contient également
de la vitamine B, qui n'a pas son pareil pour équilibrer le système
hormonal et maintenir le cœur en santé. Elle est aussi une excellente
source de fer, de calcium, de bêtacarotène, de potassium, de magnésium
et de cuivre, des minéraux bénéfiques pour le sang, la peau et les cheveux.

Bien que naturellement sucrée lorsqu'elle est bien mûre, la mangue
a un faible indice glycémique (41–60) qui vous évitera d'avoir une rage
de sucre (pour une barre de chocolat) à la fin d'un repas. Au contraire,
vous vous sentirez rassasiée et pleine d'une saine énergie.

SALSA À LA MANGUE

Beauté intérieure : une sauce piquante remplie d'éléments probiotiques qui favorise la digestion

Ingrédients

2 mangues bien mûres • 1 petit oignon rouge • 1 petit piment fort, épépiné • 1 c. à soupe d'huile d'olive extra vierge • Le jus de ½ lime • Feuilles de coriandre fraîche • Sel marin • Poivre noir

Préparation

Peler et dénoyauter les mangues, puis les couper en tranches. Émincer l'oignon et le piment. Déposer le tout dans un petit bol avec l'huile d'olive et le jus de lime. Couvrir de coriandre et mélanger. Saler et poivrer au goût.

Couvrir et réfrigérer pendant 30 minutes pour permettre aux saveurs de se combiner.

NETTOYANT À LA MANGUE ET À L'AVOCAT

Beauté extérieure: un cocktail de vitamines et de bonnes huiles
pour nourrir la peau

Ingrédients

1 mangue bien mûre • ½ avocat bien mûr • 1 c. à soupe
de yogourt nature

Préparation

Dans un petit bol, réduire la chair de la mangue et de l'avocat
en purée. Ajouter le yogourt et mélanger jusqu'à l'obtention
d'une pâte lisse.

Utilisation

Masser doucement le visage, le cou et le décolleté avec la pâte
pendant 3 minutes. Rincer à l'eau tiède. Éponger doucement
le visage avec une serviette propre avant d'appliquer
un sérum ou une crème hydratante. Pour une action
plus soutenue, garder le masque pendant 10 minutes avant
de rincer.

PAPAYE

C'est au début de l'été, lorsqu'elle est bien mûre, que la papaye
a sa belle couleur orange vif. On peut alors simplement la déguster
nature, avec un trait de jus de lime. Aussi, elle se marie parfaitement
bien avec d'autres fruits et légumes pour faire des smoothies
ou des desserts faibles en calories. Idéal pour les journées bikini!

La papaye verte est surtout utilisée dans de savoureux mets asiatiques.
Elle a une teneur élevée en papaïne, un enzyme qui attendrit
naturellement la viande. Ce superfruit tropical est également riche
en phytonutriments, minéraux et vitamines, ainsi qu'en fibres solubles
qui favorisent la digestion. Comme elle contient plus de vitamine C
qu'un citron, la papaye n'a pas son pareil pour stimuler
le système immunitaire.

Grâce à ses taux élevés de vitamine A, de bêtacarotène et de lutéine,
qui agissent de concert avec les vitamines du groupe B, le potassium
et le calcium, la papaye a de puissantes propriétés antioxydantes
qui vous garderont en bonne santé – de la pointe des cheveux
au bout des orteils.

SALADE DE PAPAYE, D'AVOCAT ET DE CONCOMBRE

Beauté intérieure : des cheveux lustrés et une peau resplendissante grâce à ce trio de superaliments

Ingrédients

1 papaye bien mûre • 1 avocat bien mûr, en tranches

• ½ concombre, en tranches • Feuilles de menthe fraîche

• 1 c. à soupe d'huile d'olive • Le jus de ½ citron • Sel marin

• Poivre noir

Préparation

Peler et épépiner la papaye, puis la couper en tranches. Dans un grand bol, déposer la papaye, l'avocat, le concombre et la menthe.

Préparer la vinaigrette en mélangeant l'huile d'olive et le jus de citron. Saler et poivrer au goût.

Verser la vinaigrette sur la salade et remuer. Accompagne bien le poulet rôti.

MANU-PÉDI À LA PAPAYE ET AU MIEL

Beauté extérieure : un exfoliant rempli d'enzymes pour les mains et les pieds

Ingrédients

½ papaye bien mûre • 3 c. à soupe de miel • 1 c. à soupe de flocons d'avoine

Préparation

Dans un petit bol en verre, bien mélanger la chair de la papaye avec le miel et l'avoine.

Utilisation

Faire tremper les pieds et les mains dans l'eau tiède pendant 5 minutes, puis les enduire de la préparation. Laisser agir pendant 30 minutes avant de masser doucement. Rincer à l'eau tiède.

PATATE DOUCE

Originaire de l'Amérique latine, la patate douce a été implantée en Europe par Christophe Colomb à la fin du xve siècle. Peu de temps après, on la dégustait dans le monde entier. Bien que la patate douce de couleur orange soit la plus populaire, il en existe aussi des variétés aux tons de pourpre.

Quelle que soit sa couleur, ce superlégume est riche en manganèse, en cuivre, en vitamines B essentielles, en potassium, en phosphore et en fibres. Il contient également de la choline – un nutriment qui préserve la membrane cellulaire et favorise la transmission des impulsions entre les cellules. Par conséquent, il contribue au bon fonctionnement des muscles et de la mémoire, et il facilite le sommeil. La patate douce est riche en bêtacarotène, un phytonutriment que l'organisme transforme en vitamine A, et en anthocyanines, qui ont des vertus anti-inflammatoires. Les sucres complexes qu'elle contient contribuent à réguler le taux de sucre dans le sang.

Pour profiter au maximum des bienfaits de ce légume-racine, on le cuisine dans sa peau, avec un minimum de corps gras.

DÉLICIEUSE PURÉE
DE PATATES DOUCES

Beauté intérieure : un complément de bêtacarotène pour donner un coup de pouce aux vertus anti-inflammatoires de la vitamine A

Ingrédients

2 patates douces, brossées • 1 c. à soupe de ghee ou d'huile d'olive • Sel marin • Poivre noir • 2 c. à soupe de parmesan râpé

Préparation

Couper les patates en dés avec la peau. Faire bouillir jusqu'à ce que la chair soit tendre, puis égoutter. Ajouter le ghee et réduire en purée. Saler et poivrer au goût.

Préchauffer le gril du four. Déposer la purée dans un plat de cuisson et saupoudrer de parmesan. Passer sous le gril jusqu'à ce que le dessus soit bien doré. Servir immédiatement avec du poisson ou du poulet.

MASQUE À LA PATATE DOUCE POUR LE DÉCOLLETÉ

Beauté extérieure : un traitement exfoliant et hydratant

Ingrédients

1 patate douce, pelée • 1 c. à soupe de yogourt nature
• 1 c. à soupe d'huile de noix de coco

Préparation

Couper la patate douce en dés et faire bouillir jusqu'à ce qu'ils soient tendres. Ajouter le yogourt et l'huile de coco. Mixer au mélangeur pour faire une pâte.

Utilisation

Appliquer la pâte sur le décolleté et le cou. Laisser agir 15 minutes pour exfolier, hydrater et nourrir la peau délicate de cette zone. On peut également en appliquer sur tout le visage en prenant soin d'éviter les yeux.

AMANDE

L'amande est remplie de nutriments et de bons gras.
C'est la parfaite collation beauté.

Excellente source de vitamines E et B, de potassium, de calcium,
de magnésium, de phosphore, de fer, et d'acides gras mono- et
polyinsaturés, l'amande est une véritable usine à vertus curatives
pour la peau, les cheveux et les ongles. Ce fruit laiteux et sucré
est également riche en antioxydants qui sont excellents
pour la santé de tout l'organisme, y compris le cœur.

Savourez les amandes nature ou rôties, ou faites-les tremper
avant d'aller au lit pour les manger avec vos céréales le lendemain matin
(le trempage les rend plus digestes). Ce superaliment polyvalent
peut également se consommer sous forme de lait, de beurre
ou de biscuit (à la farine d'amande).

SMOOTHIE AUX AMANDES

Beauté intérieure : un smoothie rempli de magnésium
et de vitamine E pour une peau resplendissante

Ingrédients

250 ml (1 tasse) de boisson d'amande • 1 banane

• 125 g (1 ¼ tasse) de framboises surgelées • 1 c. à soupe de
beurre d'amande • 1 c. à thé de miel • 1 c. à soupe de flocons
d'avoine (facultatif) • Cannelle moulue

Préparation

Au mélangeur, mixer tous les ingrédients, sauf la cannelle,
jusqu'à consistance épaisse et crémeuse. Saupoudrer de
cannelle et servir immédiatement.

NETTOYANT FACIAL À L'HUILE D'AMANDE

Beauté extérieure : un traitement qui rendra la peau souple et hydratée

Ingrédients

4 c. à soupe d'huile d'amande douce • 2 c. à soupe d'huile de noix de coco

Préparation

Verser les huiles d'amande et de coco dans un bocal en verre muni d'un couvercle. Fermer et secouer pour bien mélanger. Conserver au réfrigérateur.

Utilisation

Réchauffer l'huile en la frottant entre les doigts avant de l'appliquer sur le visage en massant pour nettoyer et démaquiller. Essuyer doucement le visage à l'aide d'un carré de coton préalablement passé à l'eau tiède pour enlever toute trace d'huile. Rincer abondamment le linge et laisser sécher à l'air libre.

VINAIGRE DE CIDRE

Il y a des siècles qu'on vante les vertus incroyables du vinaigre
de cidre pour la santé. Pour fabriquer ce superaliment acidulé,
on ajoute de la levure à des pommes réduites en purée afin
de les faire fermenter. On introduit ensuite une bactérie
qui transforme le tout en acide acétique. Il se forme alors de petites
quantités de protéines, d'enzymes et de bactéries saines qui donnent
au vinaigre ses propriétés antioxydantes, antibactériennes
et antimicrobiennes.

Le vinaigre de cidre aide à restaurer la flore bactérienne de l'estomac
et favorise ainsi la digestion en plus de donner de l'énergie.
Il contribue également à réguler le taux de sucre dans le sang
et le niveau de cholestérol. On décuple son pouvoir antioxydant
lorsqu'on le mélange à du miel et à du jus de citron – une solution
idéale pour combattre le rhume, les mauvaises bactéries
et les maux de gorge durant l'hiver. Bref, le vinaigre de cidre
est un grand agent purificateur naturel.

VIRGIN MARY AU VINAIGRE DE CIDRE

Beauté intérieure : un jus de tomate piquant
pour faciliter la digestion

Ingrédients

250 ml (1 tasse) de jus de tomate • 2 c. à soupe de vinaigre
de cidre • 1 goutte de sauce Worcestershire • Sel marin
• Poivre noir • 1 branche de céleri

Préparation

Verser le jus de tomate dans un grand verre, puis ajouter
le vinaigre et la sauce Worcestershire. Saler et poivrer
au goût. Remuer avec la branche de céleri avant de servir.

SUPERNETTOYANT POUR LE CUIR CHEVELU

Beauté extérieure : solution de rinçage antimicrobienne aux enzymes pour soulager la sécheresse du cuir chevelu

Ingrédients

250 ml (1 tasse) de vinaigre de cidre • 250 ml (1 tasse) d'eau

• 2 gouttes d'huile essentielle de lavande

Préparation

Bien mélanger tous les ingrédients.

Utilisation

Masser le cuir chevelu sec et irrité avec cette solution. Laisser agir pendant 20 minutes, le temps que le vinaigre de cidre rééquilibre le pH. Rincer. Se laver les cheveux et utiliser un revitalisant comme d'habitude. Pour obtenir des cheveux très lustrés, utiliser comme solution de rinçage après le shampooing.

MIEL

Produit du dur labeur de l'abeille, le miel joue un rôle essentiel pour l'écologie de la planète. C'est également un élixir doré dont on se régale et qu'on utilise depuis des siècles pour ses vertus curatives très efficaces. Le miel possède des propriétés antioxydantes, antibactériennes et antimicrobiennes qui donnent un sérieux coup de pouce au système immunitaire, et protègent contre le vieillissement et l'infection, et ce, même lorsqu'il est appliqué localement.

Le miel a un pouvoir énergétique instantané grâce à sa teneur élevée en fructose et en glucose, éléments qui sont rapidement absorbés par l'organisme. Il contient également des vitamines du groupe B, ainsi que du calcium, du cuivre, du fer, du magnésium, du manganèse, du phosphore, du potassium, du sodium et du zinc. Ses acides aminés contribuent à réparer le tissu conjonctif.

Selon le climat et l'environnement dans lequel elles vivent, les abeilles produiront un miel aux bienfaits plus ou moins efficaces. Par exemple, le miel de manuka, fruit des abeilles de la Nouvelle-Zélande, a des propriétés antimicrobiennes particulièrement puissantes.

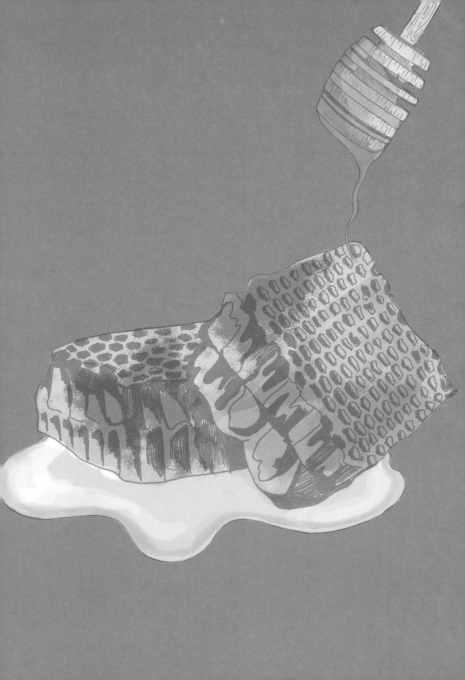

SALADE CRUE AU MIEL

Beauté intérieure : une vinaigrette au miel riche en nutriments
pour stimuler le système immunitaire

Ingrédients

¼ de chou blanc • 1 carotte • 1 pomme verte • 1 c. à soupe
de vinaigre de cidre • 1 c. à soupe d'huile d'olive • 2 c. à thé
de miel • Le jus de ¼ de citron • Flocons de piment • Sel marin
• Poivre noir

Préparation

Émincer le chou et le déposer dans un plat. Brosser la carotte
et laver la pomme, puis les couper en bâtonnets avant de les
disposer sur le chou.

Verser le vinaigre dans un petit bol en verre. Ajouter l'huile
d'olive, le miel, le jus de citron et le piment. Bien mélanger
au fouet. Saler et poivrer au goût avant de verser sur le chou.
Remuer délicatement.

BAUME À LÈVRES AU MIEL ET À LA MENTHE

Beauté extérieure : un baume à lèvres hydratant et antibactérien parfait pour l'hiver

Ingrédients

1 c. à soupe d'huile de noix de coco • 1 c. à thé de miel

• 2 gouttes d'huile essentielle de menthe poivrée

Préparation

Mettre l'huile de coco et le miel dans un petit bol en verre et chauffer au-dessus d'une casserole d'eau bouillante jusqu'à consistance homogène. Retirer du feu.

Une fois la préparation refroidie, incorporer l'huile de menthe. Verser dans un bocal muni d'un couvercle. Laisser refroidir et figer avant de fermer.

Utilisation

Appliquer ce baume légèrement piquant sur les lèvres pour les soulager et les hydrater.

CITRON

Grâce à sa capacité de renforcer le système immunitaire et à ses puissantes propriétés antioxydantes, antibactériennes et antivirales, le citron est excellent pour la santé et la beauté. Bien que son goût soit acide, il est alcalin, ce qui signifie qu'il contribue à maintenir le pH à un niveau idéal. Consommé sous forme de jus, il favorise également la digestion et aide à nettoyer le foie. Tous ces bienfaits se combinent pour rendre le teint plus clair et les cheveux plus lustrés !

Mais cela ne s'arrête pas là. À lui seul, le citron comble 88 % des besoins quotidiens en vitamine C – vitamine reconnue pour combattre le rhume et la grippe. Quant à ses minéraux – potassium et magnésium –, ils aident à garder la peau en santé. On peut utiliser le citron dans de nombreux traitements beauté pour purifier, rafraîchir et rajeunir : la peau resplendit, les cheveux sont lustrés, les ongles sont plus blancs. Un moyen simple d'en consommer quotidiennement consiste à boire dès le lever le jus d'un demi-citron dans un verre d'eau à température ambiante.

SALADE DE LENTILLES AU PERSIL

Beauté intérieure : une salade aux vertus purifiantes et alcalines pour resplendir de la tête aux pieds

Ingrédients

1 poivron rouge • 1 concombre • 1 petit oignon rouge
• 190 g (1 tasse) de lentilles cuites • 1 botte de persil frais, hachée • Le jus de 1 citron • 2 c. à thé de moutarde de Dijon
• ¼ de c. à thé de sel • Poivre noir • 80 ml (⅓ de tasse) d'huile d'olive extra vierge

Préparation

Couper le poivron, le concombre et l'oignon en dés, puis les déposer dans un grand bol. Ajouter les lentilles. Au mélangeur, mixer le persil, le jus de citron, la moutarde, le sel et le poivre. Verser graduellement l'huile d'olive pour faire une vinaigrette.

Verser sur la préparation de lentilles et remuer avec soin. Servir avec une poitrine de poulet grillée ou un filet de saumon poché.

MASQUE AU CITRON ET AU MIEL

Beauté extérieure : un exfoliant doublé d'un traitement hydratant pour raviver la peau

Ingrédients

4 c. à soupe de jus de citron • 4 c. à soupe de miel

• 4 c. à soupe d'huile d'amande

Préparation

Bien mélanger tous les ingrédients dans un petit bol.

Utilisation

Appliquer ce masque sur le visage en prenant soin d'éviter la région des yeux. Laisser agir pendant 15 minutes, puis rincer à l'eau tiède et éponger. La peau sera douce, lisse et hydratée. Pour aider à éclaircir les zones pigmentées ou les cicatrices d'acné, ajouter 1 c. à soupe de jus de citron supplémentaire et réduire la quantité d'huile d'amande.

AVOINE

Supercéréale que l'on sert traditionnellement au déjeuner
et durant l'hiver, l'avoine contient d'excellents nutriments. Grâce
à sa haute teneur en fibres solubles et insolubles, elle a pour effet
de diminuer le taux de cholestérol et de réguler le taux de sucre
dans le sang tout en favorisant la digestion.

L'avoine contient également des phytoestrogènes, qui contribuent
à l'équilibre hormonal, et des glucides, des protéines,
des acides gras essentiels, des vitamines du groupe B
et de la vitamine E, qui rehaussent l'énergie.

L'avoine est également une bonne source de calcium, de manganèse,
de zinc, de sélénium, de cuivre, de fer et de magnésium – des minéraux
essentiels qui assurent le bon fonctionnement de l'organisme
et la régénération de la peau, des cheveux et des ongles.
Voilà un superaliment beauté que l'on a intérêt à consommer
tout au long de l'année.

MUSLI

Beauté intérieure: un délicieux déjeuner qui calme
le système digestif

Ingrédients

100 g (1 tasse) de flocons d'avoine • 1 pomme • 2 dattes,
dénoyautées • 1 c. à soupe de noisettes rôties, hachées
• 1 c. à soupe de baies de goji séchées • 2 ou 3 c. à soupe
de yogourt nature

Préparation

Mettre l'avoine dans un bol. Ajouter juste assez d'eau pour
couvrir et laisser reposer toute la nuit. Râper la pomme et
hacher les dattes, puis les ajouter aux flocons d'avoine avec
les noisettes et les baies de goji. Incorporer le yogourt pour lier
le tout et en ajouter un peu plus pour le goût.

BAIN À L'AVOINE ET À LA LAVANDE

Beauté extérieure : une peau en santé grâce à un bain relaxant

Ingrédients

50 g (½ tasse) de flocons d'avoine • 2 c. à soupe de lait
en poudre • 4 gouttes d'huile essentielle de lavande

Préparation

Dans un petit bol, mélanger tous les ingrédients. Déposer
au centre d'un carré de mousseline, réunir les bords et
attacher à l'aide d'une ficelle.

Utilisation

Déposer le sachet dans l'eau du bain et laisser infuser pendant
que l'on se détend. Ce traitement soulage et adoucit la peau
en plus d'être un doux prélude à une bonne nuit de sommeil.

ANANAS

Puissant symbole de délices tropicales, l'ananas est à la fois succulent, rafraîchissant et faible en calories. Son goût légèrement piquant est dû à un enzyme, la bromélaïne (ou broméline), qui contribue au bon fonctionnement du système digestif grâce à sa capacité de décomposer les protéines. Résultat, l'ananas est un excellent détoxifiant naturel et, grâce à sa haute teneur en fibres, il favorise la perte de poids.

Comme il est une excellente source de vitamine C et d'autres antioxydants qui protègent les cellules, l'ananas contribue à la production de collagène et, par le fait même, à la santé de la peau, et il donne un bon coup de pouce au système immunitaire, ce qui en fait un excellent choix de fruit en hiver.

L'ananas est également connu pour sa forte teneur en manganèse – élément essentiel à la production d'énergie – et en thiamine, qui favorise la santé des os. Il contient également du cuivre et du potassium, des minéraux qui participent à la production des globules rouges et, par conséquent, gardent le cœur en santé.

ANANAS ET NOIX DE COCO DES TROPIQUES

Beauté intérieure : un complément de fibres sous forme
de dessert décadent

Ingrédients

$^1/_3$ d'ananas ● 45 g (¼ de tasse) de sucre muscovado

● 125 ml (½ tasse) de lait de coco ● Feuilles de menthe

Préparation

Préchauffer le gril du four. Peler l'ananas et le couper en
tranches épaisses, puis en quarts de cercle. Déposer sur
une plaque et saupoudrer de sucre. Faire dorer sous le gril
de 3 à 5 minutes, puis retirer du four. Arroser de lait de coco
et garnir de menthe.

EXFOLIANT À L'ANANAS POUR LES PIEDS

Beauté extérieure: un exfoliant aux enzymes pour des pieds tout doux et des ongles d'orteils étincelants

Ingrédients

2 c. à soupe d'huile de noix de coco • 330 g (1 ²/₃ tasse) d'ananas frais, en morceaux

Préparation

Chauffer l'huile de coco et ajouter l'ananas. Réduire en purée pour faire un masque.

Utilisation

Étendre le masque sur les pieds et couvrir d'une pellicule de plastique à la manière de chaussettes. Laisser agir pendant 15 minutes pour permettre aux enzymes de l'ananas d'adoucir la peau rugueuse et à l'huile de coco de bien hydrater les pieds. Retirer la pellicule de plastique. Rincer les pieds à l'eau tiède et limer doucement pour retirer les peaux mortes. Vos pieds seront aussi doux que ceux d'un bébé !

AVOCAT

La consommation de bons gras est très importante pour le fonctionnement optimal de l'organisme, et un demi-avocat fournit 18 g de gras mono-insaturés, qui sont excellents pour la santé. En effet, en plus de permettre l'absorption des vitamines E et K, les gras mono-insaturés sont essentiels à l'hydratation de la peau et contribuent ainsi à lui donner un aspect sain, doux et tonique. Ils rendent également les cheveux plus lustrés et les ongles plus résistants. L'avocat est vraiment un aliment anti-âge.

En effet, en plus de la vitamine E qui protège la peau des signes apparents du vieillissement, il contient de la vitamine C qui participe à la production du collagène et de l'élastine, lesquels conservent à la peau son aspect jeune.

L'avocat contient de la folacine (ou acide folique) et du potassium qui sont essentiels pour le système nerveux et le cœur. Comme tout autre superaliment, il a des propriétés antioxydantes et anti-inflammatoires. Il suffit d'ajouter quotidiennement une petite quantité de ce superfruit à une salade ou à un smoothie pour améliorer sa santé et son apparence. Et on peut profiter de ce magnifique superfruit du printemps à l'automne.

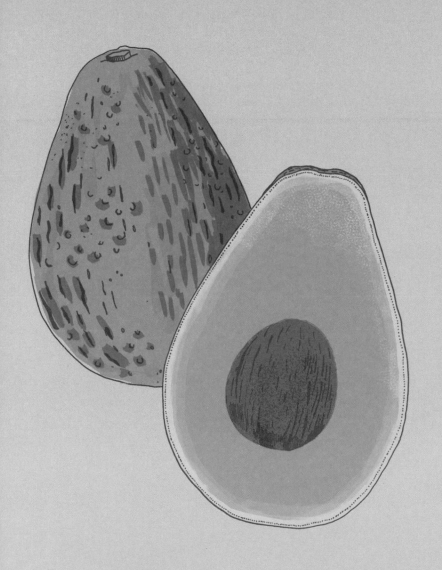

SMOOTHIE VERT

Beauté intérieure : un savoureux smoothie à déguster au déjeuner pour stimuler l'organisme

Ingrédients

½ avocat bien mûr • 1 banane bien mûre • 1 kiwi • 1 poignée de chou frisé (ôter la tige centrale) • 310 ml (1 ¼ tasse) de lait ou de boisson de soya ou de riz • ¼ de c. à thé de cannelle moulue • 1 c. à thé de miel (ou au goût)

Préparation

Au mélangeur, mixer tous les ingrédients jusqu'à consistance épaisse. Verser dans un verre et servir immédiatement.

TRAITEMENT À L'AVOCAT POUR LES CHEVEUX

Beauté extérieure : un mélange odorant pour réparer
les cheveux fourchus

Ingrédients

2 c. à soupe d'huile de noix de coco • ½ avocat

Préparation

Verser 1 c. à soupe d'huile de noix de coco dans un petit bol.
Placer le bol au-dessus d'une petite casserole d'eau bouillante
pour faire fondre l'huile. Retirer le bol, ajouter la chair d'avocat
et réduire en purée.

Utilisation

Chauffer le reste de l'huile jusqu'à ce qu'elle devienne claire.
Masser doucement le cuir chevelu et la racine des cheveux.
À l'aide d'un peigne, appliquer la préparation d'avocat sur toute
la chevelure. Laisser agir pendant 10 minutes. Rincer à l'eau tiède
avant de faire un shampooing.

Utilisé une fois par mois, ce traitement est efficace pour hydrater
et revitaliser les cheveux.

NOIX DE COCO

Ce superfruit tropical regorge de minéraux et de vitamines
– surtout C et B – et a d'excellentes propriétés antioxydantes, anti-âge,
anti-inflammatoires, antibactériennes et antivirales. Lorsqu'elle n'est
pas encore mûre, la noix de coco a une enveloppe verte et une chair
plus crémeuse. C'est à maturité que son enveloppe devient brune
et que sa chair se durcit. La chair du fruit jeune est riche en calcium
et en bons acides gras, tandis que l'huile conserve son pouvoir
antioxydant même lorsqu'on la chauffe en cuisine.

L'eau de noix de coco verte contient beaucoup plus de nutriments
que celle du fruit mûr. Grâce à ses minéraux – fer, calcium, manganèse,
magnésium, cuivre, phosphore et beaucoup de potassium –,
cette eau est idéale pour restaurer le taux d'électrolytes de l'organisme
par grande chaleur. Elle fait des merveilles pour les maux d'estomac,
elle régule le taux de sucre dans le sang et elle a un énorme pouvoir
hydratant, ce qui est excellent pour la peau et les muscles.

CRÈME DE MANGUE ET DE NOIX DE COCO

Beauté intérieure: une délicieuse crème riche en vitamines A et C pour stimuler le système immunitaire

Ingrédients

1 noix de coco verte • 1 mangue bien mûre • 1 c. à thé de miel (facultatif)

Préparation

Retirer le dessus de la noix de coco à l'aide d'un couteau bien affûté. Verser l'eau de coco dans un récipient et réserver. À l'aide d'une cuillère, retirer la chair de la noix de coco et la déposer dans le bol du mélangeur. Trancher la mangue de chaque côté du noyau. Prélever la chair et la déposer dans le bol du mélangeur. Bien mélanger en ajoutant un peu d'eau de coco jusqu'à l'obtention d'une riche crème. Ajouter le miel.

Servir la crème garnie d'amandes rôties émincées ou l'utiliser pour napper des petits fruits (bleuets, fraises ou framboises).

CRÈME COCO-LAVANDE POUR LE CORPS

Beauté extérieure : une crème nourrissante et superhydratante pour tous les types de peaux, même les plus sensibles

Ingrédients

250 ml (1 tasse) d'huile de noix de coco • 4 gouttes d'huile essentielle de lavande

Préparation

Verser l'huile de coco dans un bol. Placer le bol au-dessus d'une petite casserole d'eau bouillante pour la faire fondre Ajouter l'huile de lavande, bien mélanger et retirer du feu.

Laisser refroidir et figer. Battre au fouet ou au batteur électrique jusqu'à ce que la texture soit légère et crémeuse. Verser dans un bocal muni d'un couvercle et fermer.

Utilisation

Avant d'aller au lit, appliquer la mixture sur la peau sèche pour l'hydrater et se relaxer.

CONCOMBRE

Apprécié l'été dans les salades, le concombre contient
de nombreux nutriments en plus de deux éléments essentiels
à la bonne digestion : des fibres et de l'eau. Sa très forte teneur
en eau (dont il est composé dans une proportion d'environ 96 %) en
fait un excellent agent purifiant qui élimine les toxines qui rendent
le cheveu et le teint ternes. Riche en magnésium, en potassium
et en silicone, ce superaliment donne une apparence jeune et saine
à la peau et de l'éclat aux cheveux. Ses vitamines A et C renforcent
le système immunitaire et donnent un teint resplendissant,
tandis que sa vitamine K préserve la santé des vaisseaux
capillaires et du système nerveux.

Le concombre peut également avoir un effet calmant grâce
aux vitamines B_1, B_5 et B_7, qui soulagent l'anxiété et le stress,
et au potassium, qui contribue à réduire la tension artérielle
et à protéger le cœur. Par ailleurs, on sait qu'il n'y a pas de
meilleure façon de rafraîchir les yeux irrités qu'en se relaxant
après s'être appliqué deux tranches de concombre
sur les paupières.

RAÏTA AU CONCOMBRE ET À LA MENTHE

Beauté intérieure : un mets d'accompagnement
qui donne de l'éclat à la peau et aux cheveux

Ingrédients

260 g (1 tasse) de yogourt nature • 1 c. à soupe de menthe
fraîche, hachée • Le jus de ½ lime • 1 c. à thé de cumin moulu
• 1 concombre non pelé • Sel marin • Poivre noir

Préparation

Dans un petit bol en verre, mélanger le yogourt, la menthe,
le jus de lime et le cumin. Ajouter le concombre coupé en
tranches fines. Saler et poivrer au goût. La raïta est délicieuse
comme sauce à salade ou comme accompagnement avec les
caris et autres mets épicés.

BRUMISATEUR POUR LE VISAGE ET LE CORPS

Beauté extérieure : un brumisateur riche en minéraux
pour rafraîchir et hydrater le visage et le corps

Ingrédients

2 concombres • 80 ml ($^1/_3$ de tasse) d'eau de rose

Préparation

Laver les concombres et les râper finement. Déposer dans un
carré de mousseline et presser au-dessus d'un bol en verre
pour extraire l'eau. Ajouter l'eau de rose et verser dans un
vaporisateur.

Utilisation

Vaporiser le visage et le corps les jours de grande chaleur. Effet
rafraîchissant immédiat. Conservation : 7 jour au réfrigérateur.

FENOUIL

Le fenouil est populaire dans la cuisine méditerranéenne, où l'on exploite pleinement sa délicate saveur anisée dans la salade et comme légume d'accompagnement. Récolté durant les mois d'hiver, il procure de nombreux bienfaits pour la santé. Notamment, il aide la digestion, ce qui est primordial lorsqu'on veut profiter pleinement des vertus de tous les autres superaliments santé et beauté que l'on mange.

Le fenouil contient de l'acide folique, essentiel au développement optimal des cellules, beaucoup de vitamine C, très importante pour le système immunitaire, du potassium, qui régule la tension artérielle et optimise le fonctionnement des cellules et des fluides corporels, et des minéraux qui favorisent la santé de la peau, des cheveux et des ongles – fer, calcium, magnésium, manganèse, zinc, cuivre et sélénium.

On utilise souvent l'huile essentielle de fenouil dans les dentifrices et les rince-bouche, car elle a des propriétés antibactériennes et antifongiques.

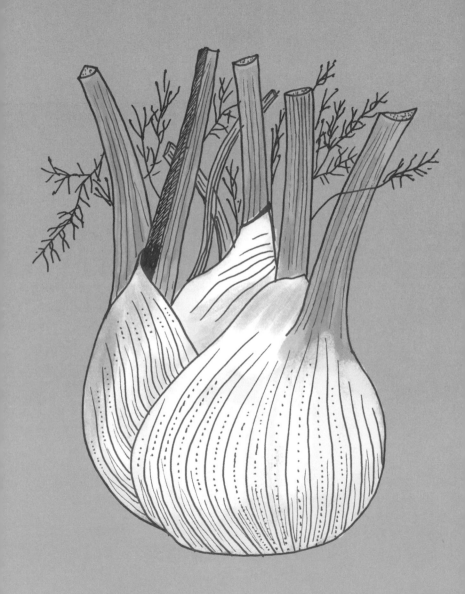

SALADE DE FENOUIL ET D'ORANGE

Beauté intérieure : une salade riche en minéraux qui donnera un petit coup de pouce à la peau, aux cheveux et aux ongles

Ingrédients

1 bulbe de fenouil, paré • 1 orange navel • 1 c. à soupe d'huile d'olive • Le jus de ¼ de citron • Sel marin • Poivre noir • Petite botte de menthe fraîche, hachée

Préparation

Couper le bulbe de fenouil en tranches très fines et disposer dans un plat. À l'aide d'un couteau bien affûté, peler l'orange, la couper en quartiers et retirer la fine peau blanche s'il y a lieu. Disposer sur le fenouil. S'il reste de la chair sur les pelures d'orange, en extraire tout le jus possible et en arroser la salade.

Mélanger l'huile d'olive et le jus de citron. Saler et poivrer au goût. Verser la vinaigrette sur la salade. Garnir de menthe et servir.

BAIN OCULAIRE AU FENOUIL

Beauté extérieure: contre les yeux rouges et bouffis,
pour un regard clair et brillant

Ingrédients

250 ml (1 tasse) d'eau • 2 c. à thé de graines de fenouil

Préparation

Faire bouillir l'eau et verser sur les graines de fenouil. Laisser
infuser 5 minutes. Filtrer au tamis et laisser refroidir.

Utilisation

Tremper deux cotons à démaquiller dans la solution de fenouil
et garder sur les paupières pendant 10 minutes.

THÉ VERT

On dit du thé vert que c'est l'une des boissons les plus saines.
De fait, il contient une gamme de nutriments qui contribuent
à la santé du corps, de l'esprit et de l'âme!

Cet élixir rafraîchissant est riche en polyphénols, qui, grâce à leurs
puissantes propriétés antioxydantes et anti-inflammatoires, protègent
les cellules et les molécules des dommages causés par les radicaux
libres. Il contient également de petites quantités d'acides aminés et
de minéraux qui permettent au corps de bien fonctionner, aident à
abaisser le taux de cholestérol et dynamisent le métabolisme.
Le thé vert est la boisson de prédilection pendant l'hiver, car il contient
de la catéchine, un composé flavonoïde qui ralentit la croissance des
bactéries et des virus dans l'organisme.
On sera peut-être surpris d'apprendre que l'on retrouve de la caféine
dans ce superaliment. Or, tout n'est pas mauvais dans la caféine :
elle stimule le cerveau et améliore la concentration, la mémoire,
le temps de réaction et même l'humeur.

Toutefois, comme c'est le cas pour tout aliment ou boisson,
il vaut mieux les consommer avec modération.

THÉ VERT À LA MENTHE ET AU GINGEMBRE

Beauté intérieure : une boisson chaude pour soulager le mal de gorge

Ingrédients

1 sachet de thé vert • 4 feuilles de menthe fraîche • 1 petit morceau de gingembre frais • 250 ml (1 tasse) d'eau bouillante

Préparation

Déposer le sachet de thé, la menthe et un peu de gingembre râpé dans une tasse. Verser de l'eau bouillante et laisser infuser 3 minutes. Retirer le sachet de thé et les feuilles de menthe. Déguster.

TRAITEMENT FACIAL À LA VAPEUR DE THÉ VERT

Beauté extérieure : le thé vert et la lavande se combinent pour créer une puissante lotion purifiante antibactérienne

Ingrédients

2 sachets de thé vert • 4 gouttes d'huile essentielle de lavande

Préparation

Déposer les sachets de thé dans un petit bol et couvrir d'eau bouillante. Laisser infuser 2 minutes (l'eau refroidira un peu, mais il y aura encore de la vapeur). Ajouter l'huile de lavande.

Utilisation

Mettre le visage au-dessus du bol de manière que le nez soit à environ 5 cm (2 po) de l'eau. Respirer profondément pour permettre à la vapeur d'ouvrir les pores. Rester dans cette position tant et aussi longtemps qu'elle sera confortable. Passer de l'eau fraîche sur le visage pour le rafraîchir et refermer les pores.

MENTHE

La menthe est une herbe que l'on utilise partout dans le monde comme garniture, assaisonnement ou infusion. Bien qu'il en existe environ une quinzaine de variétés, les plus populaires sont la menthe poivrée et la menthe verte. On peut les faire pousser toute l'année à l'intérieur, mais c'est dehors, sous le soleil d'été, qu'elles s'épanouissent.

Non seulement la menthe est-elle délicieuse, mais elle contient aussi de petites quantités de nutriments qui sont excellents pour la peau – vitamines A et C, potassium, calcium, phosphore, magnésium et fer – et, bien entendu, du menthol, qui agit comme décongestionnant. La menthe tire toutefois son grand pouvoir antioxydant de l'acide rosmarinique qui est très efficace pour soulager l'inflammation et plusieurs symptômes allergiques.

Sous forme de tisane, la menthe soulage les maux de gorge, la congestion nasale, l'indigestion et le syndrome du côlon irritable. Ses feuilles rafraîchissent et calment la peau rougie et endolorie par des démangeaisons et des piqûres d'insectes.

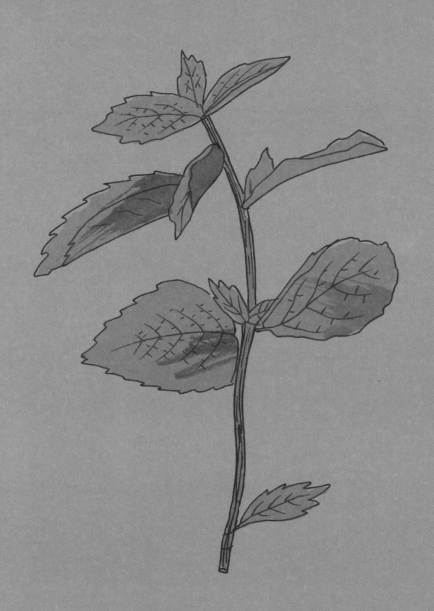

SALADE PIQUANTE À LA MENTHE

Beauté intérieure : une salade rafraîchissante
aux vertus antioxydantes

Ingrédients

¼ de melon d'eau • 1 concombre • 155 g (1 tasse) de féta,
en tranches • 1 botte de menthe fraîche (feuilles seulement)
• Le jus de 1 lime • Sel marin • Poivre noir

Préparation

Couper la chair du melon en dés et épépiner avec soin.
Déposer dans un grand bol. Ajouter le concombre pelé et
coupé en tranches fines, la féta, puis la menthe déchiquetée
ou hachée. Réserver quelques feuilles de menthe pour la
garniture. Arroser de jus de lime, puis saler et poivrer au goût.

Remuer doucement et parsemer de menthe. Servir bien froid.

SOLUTION DE RINÇAGE POUR CHEVEUX

Beauté extérieure : pour soulager
le cuir chevelu et donner de l'éclat aux cheveux

Ingrédients

1 sachet de tisane à la menthe poivrée • 1 c. à thé de lavande
séchée ou de fleurs de camomille • 125 ml (½ tasse) d'eau
bouillante • 2 c. à soupe de vinaigre de cidre

Préparation

Déposer le sachet de tisane et la lavande dans un petit bol.
Verser l'eau bouillante. Filtrer au tamis, puis ajouter le vinaigre.

Utilisation

Se laver les cheveux et utiliser un revitalisant comme
à l'accoutumée. Employer la solution à la menthe pour
le dernier rinçage en massant bien le cuir chevelu. Sécher
et coiffer comme d'habitude.

RAISIN NOIR

Offert à longueur d'année, le raisin noir est à l'honneur
dans la cuisine méditerranéenne et regorge de phytonutriments.
Sa couleur foncée provient des anthocyanines, des composés
antioxydants et anti-inflammatoires qui renforcent le système
immunitaire et assurent la santé de la peau et de l'organisme.

Le raisin noir contient un autre puissant composé antioxydant,
le resvératrol, qui favorise la circulation sanguine et, par le fait même,
fait en sorte que les ongles, les cheveux et la peau sont bien nourris.
Ce puissant polyphénol n'a pas que des effets de surface: il aide
aussi à contrer les effets du vieillissement comme la perte
de mémoire et la maladie cardiaque.

Grâce à sa forte teneur en vitamines A, B, C et K, et en minéraux
tels que le cuivre, le fer, le potassium et le manganèse, le raisin noir
est un dessert idéal – d'autant plus qu'il a un goût sucré
et est très faible en calories.

SALADE DE RAISINS NOIRS À LA RICOTTA

Beauté intérieure : un délicieux dessert anti-âge

Ingrédients

1 petite poignée de raisins noirs • 2 c. à soupe de ricotta
• Cannelle moulue • Sel marin • 1 c. à soupe de noisettes rôties,
hachées • 2 carrés de chocolat noir, râpés

Préparation

Laver et éponger les raisins. Couper en deux et déposer
dans une petite assiette. Dans un petit bol, mélanger la ricotta
avec la cannelle et un peu de sel, puis déposer sur les raisins.
Parsemer de noisettes et de chocolat. Servir bien froid.

SOLUTION TONIQUE AUX RAISINS NOIRS

Beauté extérieure: un traitement astringent
aux vertus antioxydantes

Ingrédients

1 petite poignée de raisins noirs bien lavés • Le jus de ½ citron
• 4 c. à soupe d'eau de rose ou d'hamamélis

Préparation

Au mélangeur, mixer les raisins avec le jus de citron et l'eau
de rose. Filtrer au tamis pour retirer toute la pulpe,
puis verser dans un petit flacon propre.

Utilisation

Après le nettoyage de la peau, appliquer la solution à l'aide
d'un petit coton à démaquiller. La peau sera rafraîchie et
hydratée. L'eau de rose est recommandée pour les peaux plus
sèches et plus matures, tandis que l'hamamélis convient
aux peaux plus jeunes et plus grasses.

BLEUET

Le bleuet est l'un des aliments antioxydants les plus efficaces pour combattre la maladie. Il est ni plus ni moins qu'une petite centrale de nutriments qui travaillent de concert pour assurer la santé du corps et du cerveau.

Le pouvoir antioxydant du bleuet se conjugue aux effets des vitamines A, C, E et K pour offrir une protection sans pareille contre les radicaux libres, ces molécules instables qui font vieillir la peau prématurément, et certaines maladies comme le cancer et le diabète. Le bleuet favorise également la régénération des cellules et renforce les vaisseaux capillaires, avec pour résultat une peau et un teint plus éclatants.
La forte teneur en anthocyanines du bleuet – composé auquel il doit sa jolie couleur – assure une vision claire et des yeux en santé. Même le cerveau est stimulé par la consommation quotidienne de ce superfruit.
Les bleuets contiennent beaucoup de fibres, mais contrairement à beaucoup d'autres fruits, peu de sucre, ce qui en fait une collation santé.

Dégustez-les juteux et frais durant l'été et continuez de profiter de leurs bienfaits durant l'hiver en vous les procurant au rayon des produits surgelés. Ils sont particulièrement délicieux dans les smoothies ou avec du yogourt nature.

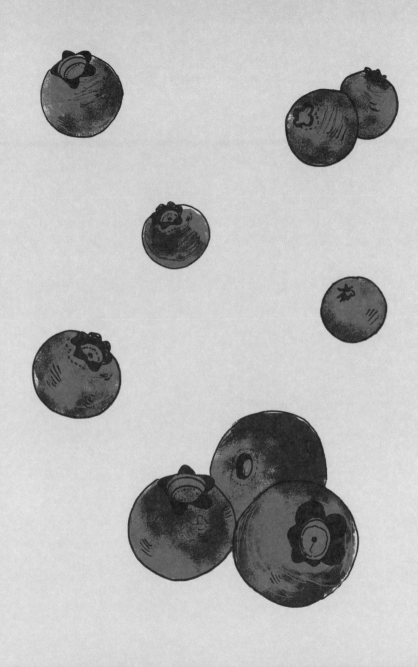

BISCUITS À L'AVOINE ET AUX BLEUETS

Beauté intérieure : une peau à l'aspect jeune grâce
à cette délicieuse friandise

Ingrédients

120 g (½ tasse) de beurre non salé • 185 g (1 tasse rase) de sucre muscovado • 1 œuf, battu • 1 c. à thé d'extrait de vanille • 135 g (1 ⅓ tasse) de flocons d'avoine • 125 g (1 tasse) de farine non blanchie • ½ c. à thé de levure chimique (poudre à pâte) • ½ c. à thé de sel • 2 c. à thé de cannelle moulue • 150 g (1 tasse) de bleuets frais ou surgelés

Préparation

Préchauffer le four à 180° C (350° F) et tapisser une ou deux plaques de papier parchemin. Mélanger le beurre et le sucre, puis ajouter l'œuf battu et la vanille. Ajouter l'avoine, la farine, la levure chimique, le sel et la cannelle.
Bien mélanger, puis ajouter délicatement les bleuets.

Déposer des cuillerées de la préparation sur les plaques. Cuire au four 15 minutes ou jusqu'à ce que les biscuits soient bien dorés. Laisser refroidir sur une grille.

EXFOLIANT AUX BLEUETS

Beauté extérieure : un riche traitement aux bleuets
pour exfolier, purifier et revitaliser la peau

Ingrédients

35 g (¼ de tasse) de bleuets • 1 c. à thé de sucre • 1 c. à soupe
d'huile d'olive • 1 c. à soupe de miel

Préparation

Mélanger tous les ingrédients jusqu'à consistante lisse.

Utilisation

En commençant par le front, masser doucement la peau
du visage en faisant des mouvements circulaires tout en
évitant la région des yeux. Rincer à l'eau tiède et éponger.
Pour une peau resplendissante, faire ce traitement
exfoliant une fois par semaine.

CHIA

En maya, *chia* signifie « force ». Le pouvoir des graines de chia
était déjà reconnu par les peuples aztèques et mayas,
qui les utilisaient pour se nourrir et se soigner.

Avec une seule cuillerée à soupe de graines de chia, une plante sans
gluten, on obtient une puissante combinaison de vitamines et de
minéraux, d'huiles, de protéines et de fibres qui gardent le corps et le
cerveau en excellente condition. Grâce à sa forte teneur en composants
antioxydants et en acides gras essentiels, surtout de l'oméga-3,
le chia assure la santé de la peau, des cheveux et des ongles.
Cette plante contient une quantité impressionnante de protéines,
dont les acides aminés contribuent au bon fonctionnement
du corps, tandis que sa teneur en fibres favorise la digestion
et aide à réguler le taux de sucre dans le sang.

Le calcium, le manganèse, le magnésium, le phosphore, le zinc,
le potassium et les vitamines du groupe B font des graines de chia
des alliées sûres pour être en beauté. Cultivées durant toute l'année
au Mexique, les graines de chia conservent leur valeur nutritive
jusqu'à deux ans – une preuve indéniable de leur pouvoir antioxydant !

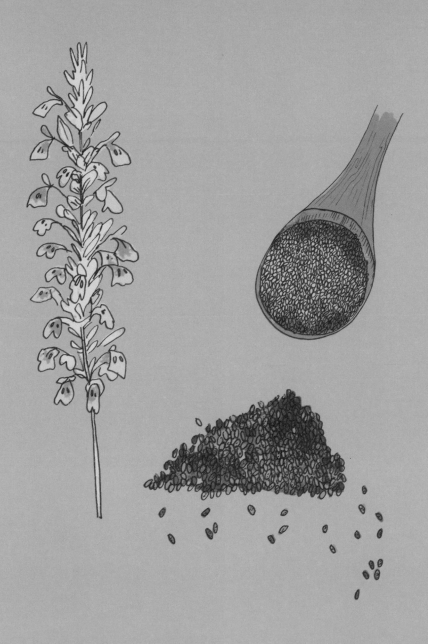

SMOOTHIE AUX GRAINES DE CHIA

Beauté intérieure : un déjeuner protéiné grâce
à ce riche smoothie

Ingrédients

1 banane bien mûre, en morceaux • 1 c. à soupe de graines
de chia • 1 c. à soupe de beurre d'arachide biologique
• 1 c. à thé de miel brut • 250 ml (1 tasse) de lait entier
• Cannelle moulue

Préparation

Au mélangeur, mixer tous les ingrédients, sauf la cannelle,
jusqu'à consistance riche et crémeuse. Verser dans un verre
et saupoudrer de cannelle.

Ce déjeuner riche en potassium, en calcium et en protéines
fournit toute l'énergie dont on a besoin pour traverser la
matinée sans flancher.

HUILE AUX GRAINES DE CHIA

Beauté extérieure: un traitement pour hydrater
les lèvres gercées et la peau sèche durant l'hiver

Ingrédients

1 c. à soupe de graines de chia • 250 ml (1 tasse) d'eau de source
• 1 c. à thé d'huile de noix de coco

Préparation

Mettre les graines de chia dans un petit bol en verre, ajouter
l'eau et laisser tremper toute la nuit. Le lendemain matin,
la préparation sera gélatineuse, car le chia sera gonflé d'eau.
Ajouter l'huile de coco et bien mélanger.

Utilisation

Étaler la préparation sur le visage et les lèvres. Laisser agir
pendant 30 minutes pour hydrater. La peau sera
resplendissante et les lèvres, douces et pulpeuses.

DATTE

La datte, superaliment du désert, se mange fraîche à l'automne et séchée le reste de l'année. Elle pousse dans les conditions arides et sèches du Moyen-Orient, et est un concentré d'importants minéraux et vitamines. À tel point qu'on dit qu'avec seulement des dattes et de l'eau, on réussit à survivre des jours durant dans le désert.

La datte regorge d'éléments antioxydants, mais aussi de minéraux comme le calcium, le fer, le potassium, le phosphore, le manganèse, le magnésium et le cuivre, qui contribuent au développement musculaire et à la santé de la peau et des cheveux. La forte teneur en fibres de ce superfruit aide au bon fonctionnement du système digestif et favorise la flore intestinale. Or, une bonne digestion améliore l'absorption des nutriments de tous les aliments. Bref, la datte est la collation santé idéale qui permet de resplendir de beauté intérieure et extérieure.

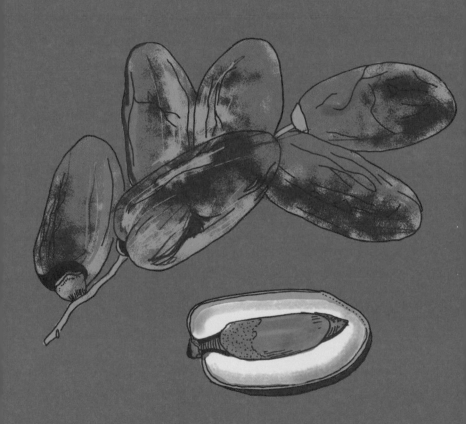

BOUCHÉES SAVOUREUSES AUX DATTES

Beauté intérieure : un délice riche en minéraux pour stimuler
le développement musculaire

Ingrédients

250 g (1 ½ tasse) de dattes séchées, dénoyautées • 140 g
(1 tasse) d'amandes • 85 g (¾ de tasse) de noix de coco râpée
• 175 g (1 ¼ tasse) de betteraves, râpées finement • 1 c. à soupe
d'huile de noix de coco • 1 c. à thé de gingembre frais, émincé
finement (facultatif) • Le jus de ½ citron (facultatif)

Préparation

Au robot culinaire, mélanger tous les ingrédients, sauf
le jus de citron, jusqu'à l'obtention d'une pâte malléable.
Au besoin, ajouter du jus de citron pour la rendre moins
épaisse.

Façonner des petites boules et les déposer sur une plaque.
Réfrigérer pendant 15 minutes avant de servir.

MASQUE AUX DATTES ET AU MIEL

Beauté extérieure : un masque purifiant et nettoyant
pour un teint resplendissant à l'allure jeune

Ingrédients

4 dattes séchées, dénoyautées • 250 ml (1 tasse) d'eau tiède

• 1 c. à soupe de yogourt grec nature • 1 c. à thé de miel clair

Préparation

Faire tremper les dattes dans l'eau tiède pendant 1 heure.
Au mélangeur, mixer les dattes et l'eau de trempage avec
le yogourt et le miel jusqu'à consistance lisse.

Utilisation

Masser doucement le visage et le cou en évitant la région
des yeux. Laisser agir 15 minutes, puis rincer à l'eau tiède.
La peau sera plus douce, plus fraîche et d'apparence plus
saine.

OLIVE

Qu'elle soit noire ou verte, l'olive a toujours été considérée
comme bonne pour la santé dans toute la région méditerranéenne.
Ce fruit que l'on récolte durant la saison estivale est riche
en antioxydants, en minéraux et en vitamines. L'olive contient
également des oméga-3 et -6, et des phytostérols qui contribuent
à réduire le taux de cholestérol et à garder le cœur en santé.
Grâce à sa teneur en caroténoïdes et en vitamine E,
l'amie de la peau, elle protège de l'inflammation
et garde le système nerveux en santé.

L'olive contient une quantité respectable de calcium,
de manganèse, de fer, de cuivre et de zinc, et de vitamines
du groupe B, qui rendent les cheveux doux et lustrés.
L'huile d'olive pressée à froid est la meilleure à utiliser
dans les vinaigrettes, et ce, non seulement pour sa grande valeur
nutritive, mais aussi pour son goût si particulier !

OLIVES MARINÉES ET FÉTA

Beauté intérieure : un mets riche en phytostérols
qui favorisera la santé du cœur

Ingrédients

75 g (½ tasse) d'olives noires, dénoyautées • 200 g (1 ¼ tasse)
de féta, en dés • 1 brin de romarin, effeuillé • Le jus de
½ citron • 1 c. à soupe d'huile d'olive • Sel marin • Poivre
noir

Préparation

Couper les olives en tranches et les déposer dans un petit bol
avec la féta. Ajouter le romarin, le jus de citron et l'huile
d'olive. Saler et poivrer au goût. Laisser reposer environ
30 minutes pour que les saveurs s'amalgament. Servir
sur des biscottes ou du pain au levain grillé.

TRAITEMENT CAPILLAIRE À L'HUILE D'OLIVE

Beauté extérieure : un traitement riche en vitamine E
pour des cheveux plus doux et lustrés

Ingrédients

1 jaune d'œuf • 2 c. à soupe d'huile d'olive • 1 c. à thé de jus
de citron

Préparation

Battre le jaune d'œuf dans un petit bol. Incorporer l'huile
d'olive et le jus de citron avec soin.

Utilisation

Appliquer sur les cheveux secs, de la racine aux extrémités.
Laisser agir environ 15 minutes, puis rincer à l'eau tiède.
Se laver les cheveux et utiliser un revitalisant comme
d'habitude. Résultat : des cheveux brillants et superdoux.

ALGUES

Il existe différents types d'algues comestibles : le varech,
la spiruline, et les algues rouges et brunes. Bien que ces algues
soient populaires et offertes sous forme de poudre que l'on peut
mélanger à un smoothie ou saupoudrer sur une salade ou une soupe,
c'est l'algue nori qu'on trouve le plus facilement sur le marché.
Elle se vend séchée et en feuilles.

Les algues sont riches en chlorophylle, qui possède naturellement
des vertus détoxifiantes et alcalines. Elles contiennent également
de la vitamine K, qui contribue à une saine composition sanguine.
Leur forte teneur en iode assure le bon fonctionnement de la
glande thyroïde, qui régule le métabolisme et produit des hormones
essentielles pour toutes les cellules du corps. On retrouve également
dans les algues des vitamines A et B_{12}, des acides gras essentiels
(oméga-3) et beaucoup de calcium, qui contribuent
à la santé de la peau, des cheveux et des ongles.

WRAP NORI

Beauté intérieure : un wrap riche en chlorophylle pour donner un petit coup de pouce alcalin et purifiant à l'organisme

Ingrédients

½ avocat bien mûr • Le jus de ½ citron • Sel marin • Poivre noir • 3 feuilles d'algue nori séchées • Flocons de piment • 1 carotte, râpée • 3 asperges, cuites • 1 poignée de feuilles d'épinards

Préparation

Réduire la chair d'avocat en purée avec le jus de citron. Saler et poivrer au goût. Étaler la préparation sur les feuilles de nori et saupoudrer de piment.

Sur le bord de chaque feuille de nori, superposer carotte râpée, asperges et épinards. Rouler pour former un wrap et servir immédiatement.

MASQUE FACIAL AUX ALGUES

Beauté extérieure : un puissant traitement facial
pour éclaircir le teint

Ingrédients

250 ml (1 tasse) d'eau bouillante • 2 feuilles d'algue nori
séchées

Préparation

Voici le traitement beauté maison le plus simple à préparer
qui soit ! Laisser tiédir l'eau bouillie, puis la verser sur les
algues. Laisser reposer jusqu'à ce qu'elles soient ramollies.

Utilisation

Déchirer les algues en petits morceaux et les appliquer sur
le visage en pressant et en évitant la région des yeux. Fermer
les yeux et se relaxer environ 20 minutes. Retirer les algues
à l'aide d'un papier-mouchoir. Rincer le visage à l'eau tiède
et éponger. Donne une peau douce et resplendissante.

INDEX DES RECETTES